이화여자대학교 이화어린이연구원 총서 3

부모라면 내 아이를 위해 꼭 알아야 하는 쌓기놀이의 모든 것

| 이화여자대학교 이화어린이연구원 편 |

도서출판 파란마음

머리말

정말 즐겁게 '놀이' 해 본 경험이 있으신가요? 혹시 '놀이' 를 아무 생각없이 즐거움만 느끼면 되는 것이라고 생각하고 계신가요? 어린이에게는 놀이가 무엇보다는 좋은 학습 도구라는 사실에 대한 생각은 어떠신가요? 간혹 어린이의 놀이는 재미있긴 하지만 큰 의미는 없다고 생각하는 어른이 있습니다. 책상 앞에 앉아서 종이와 연필을 들어야지만 의미있는 학습이며 교육이라고 생각하는 것입니다. 그러나 어린이의 놀이는 결과물이 바로 눈에 보이는 가시적인 학습이 아닌 더 깊고 의미있는 학습을 할 수 있는 도구입니다.

어린이는 다양한 방법으로 자신을 둘러싼 삶의 공간을 이해하고 학습해 나갑니다. 주변에서 볼 수 있는 많은 것들이 어린이의 학습 도구가 될 수 있습니다. 거리에서 쉽게 볼 수 있는 크기가 다른 돌멩이, 나뭇잎 또는 집에서 매일 사용하는 이불, 타월 등 어린이를 둘러싼 많은 것들이 배움의 요소입니다. 이런 주변에 있는 배움의 요소들을 활용할 수 있는 놀이가 바로 쌓기놀이입니다.

쌓기놀이는 우리의 삶과 밀접한 관련이 있는 놀이입니다. 시장에 가면 볼 수 있는 높게 쌓여진 과일과 채소, 옆으로 길게 끼워진 쇼핑카트, 잘 정리되어 있는 그릇, 화장실에 차곡차곡 쌓여 있는 타월, 쌓거나 끼워서 만든 예술품 등은 모두 쌓기 원리를 활용한 예들입니다. 이러한 쌓기는 과거부터 지금까지 다양한 형태로 우리의 삶에 응용되어 왔습니다.

쌓기는 어른들만 활용하는 것이 아닙니다. 쌓기는 영아기부터 유아기에 이르기까지 매우 다양한 형태로 나타납니다. 어른과 구분되는 점이 있다면 어린이의 쌓기는 놀이의 형태로 나타난다는 점입니다. 어린이는 놀이를 통해 쌓기를 쉽고 흥미롭게 접하면서, 발달을 이룰 뿐만 아니라 추후 삶에 활용할 수 있는 많은 지식을 습득하게 됩니다.

어린이가 자연스럽게 하는 쌓기놀이에는 많은 사고의 과정과 발달이 담겨 있습니다. 자녀가 집에 있는 곽티슈를 다 가져와서 자신의 키만큼 높이 쌓았다가 손으로 툭 쳐서 무너뜨리면서 즐거워하고 있는 모습을 상상해 봅시다. 자녀의 이러한 행동에는 즐거움 외에도 얼마나 많은 의미가 담겨 있을까요? 이러한 놀이를 즐기는 자녀에게 부모로서 어떤 도움을 줄 수 있을까요?

이 책은 자녀가 재미있게 놀면서 배우고 성장하게 하기 위해 부모님이 알아야 할 쌓기놀이에 관한 소소한 지식들, 자녀가 더 교육적이며 흥미롭게 쌓기놀이를 할 수 있도록 부모님이 도와줄 수 있는 방법을 소개합니다. 이 책을 통해서 부모님이 자녀의 발달과 생각을 이해해주며, 어른을 만족시키기 위한 놀이가 아닌 어린이의 진짜 재미있는 쌓기놀이를 도울 수 있기를 희망합니다.

저자 대표 김희진

차례

이 책이 내가 자녀를 키우는 데 도움이 되는지 결정하기 어렵다면 다음의 질문에 답해 보세요.

초등학교 입학 전의 자녀를 두셨나요?

1

예 큰 도움이 됩니다.

아니오 큰 도움이 되지 않을 수 있습니다. 그러나 저학년 부모이고 자녀가 쌓거나 끼워서 만들기를 좋아한다면 도움이 될 수도 있습니다.

남자 또는 여자 자녀를 두셨나요?

2

남자 남자 아이를 키우는 데 큰 도움이 됩니다. 남자 어린이가 가장 선호하는 놀이입니다.

여자 여자 아이의 발달과 학습에도 큰 도움이 됩니다. 쌓기놀이나 블록놀이를 통해서 여자 어린이도 배울 수 있는 것이 너무 많기 때문에 가정에서 쌓기놀이나 블록놀이를 하도록 격려해야 합니다.

3 **쌓기놀이나 블록놀이에 대해 아시나요?**

예 — 현재 아시는 것 이상의 내용이 담겨 있으므로 도움이 될 것입니다.

아니오 — 반드시 도움이 될 것입니다.

4 **자녀에게 어떤 쌓기 놀잇감이나 블록 놀잇감을 사주거나 보충해줘야 하는지 아시나요?**

예 — 현재 아시는 것 이상의 내용이 담겨 있으므로 도움이 될 것입니다.

아니오 — 자녀의 연령이나 관심사 또는 현재 있는 놀잇감에 따라 다르게 사주거나 보충해줘야 하기 때문에 도움이 될 것입니다.

5 **자녀가 쌓기놀이나 블록놀이를 할 때 어떻게 놀아주거나 어떤 말을 해줘야 할지 아시나요?**

예 — 현재 아시는 것 이상의 내용이 담겨 있으므로 도움이 될 것입니다.

아니오 — 부모님이 어떻게 놀아주느냐 어떤 말을 해주냐에 따라 자녀의 놀이 내용이나 수준이 달라지기 때문에 도움이 될 것입니다.

I

쌓기, 삶, 놀이

우리 주변에서 볼 수 있는 쌓기에는 어떤 것이 있는지 찾아볼까요? 생각보다 훨씬 더 우리 주변 가까이에 쌓기가 있음을 느끼실 것입니다. 주변에서 볼 수 있는 쌓기를 통해 쌓기놀이가 무엇인지와 자녀의 쌓기놀이를 어떻게 도와주어야 하는지 알 수 있을 것입니다.

1 주변에서 볼 수 있는 쌓기는 무엇이 있을까?

무엇인가가 쌓여있는 것을 찍은 것입니다. 자연현상 그 자체가 쌓기이기도 하며 인간이나 동물이 주체가 되어 쌓기도 합니다.

퇴적물

주상절리

낙엽이 쌓인 공원

눈이 쌓인 거리

새집

돌담길

쌓기는 우리의 일상생활 속에서도 빈번하게 나타납니다.
주위를 둘러보면 겹겹이 쌓여있는 책, 의자, 그릇 등을 쉽게 발견할 수 있습니다.

우리는 다양한 목적을 가지고 쌓기를 합니다. 여러 가지 목적을 위해 쌓아올린 모습은 다양한 형태로 나타납니다.

거주 공간을 위한 건축,
파이팅을 위해 여럿이 함께 쌓은 손,
아름다움이나 위엄을 나타내기 위한 머리 위 장식,
고명을 쌓아올려 맛을 더한 음식,
종이 쌓기로 만든 신비하고도 오묘한
예술품이 있습니다.

우리는 한정된 공간에서 효과적인 정리가 필요한 순간을 자주 경험합니다. 공간을 효율적으로 활용해야 하는 상황은 우리를 쌓기의 달인으로 만들기도 합니다. 정리하는 공간이나 재료가 다양한 만큼 쌓는 방법도 다양합니다.

위로 쌓는가 하면 옆으로 쌓기도 하고, 크기를 고려하여 쌓기도 하며 포개어 쌓기도 합니다.

이 외에도 일상에서 볼 수 있는 쌓기는 다양합니다. 내 주변에는 또 어떤 쌓기가 있는지 생각해 봅시다.

자녀와 함께 해보기

- 자녀와 함께 주변(집, 동네 등)에서 쌓기를 활용한 것을 찾아보세요.
  (쌓아진 블록, 쌓아진 책, 포개어진 쟁반 등)
  (   )
- 어떤 방식으로 쌓은 것인지 함께 이야기 나누어 보세요. (위로, 옆으로 등)
  (   )
- 자녀와 함께 찾은 쌓기 구성물을 핸드폰 혹은 카메라로 찍어서 출력한 후, 자녀의 방에 붙여주세요.
  (   )

2 과거의 쌓기는 어떠했을까?

사람들은 왜, 언제부터 쌓았을까요?

오래전부터 살기 위한 공간을 만들기 위해 쌓기를 하였습니다. 자연에서 겪게 되는 어려움을 극복하기 위해 다양한 형태의 주거공간이 나타났습니다. 다양한 주거 형태에서 볼 수 있는 쌓기는 사람들의 경험적 지식의 축적과 기술 및 도구의 발달로 인해 점차 다양해졌습니다.

| **움집:** 기원전 4000~700년에 이르는 신석기 시대에는 농사를 짓기 시작하면서 함께 모여 살게 되었고, 원시적이지만 주택의 형태를 갖추어서 살기 시작하였음 |

| **초가집과 기와집:** 통일신라 시대부터는 초가집에서 기와집에 이르는 다양한 주택의 형태가 나타남. 초가집은 통나무나 나뭇가지를 쌓은 후 지붕은 초가로, 벽은 흙담으로 쌓아올려 장식을 하였으며 대부분 서민들이 거주하였음. 기와집은 기본적으로 나무 기둥 위에 기와를 얹고 장식을 하였는데, 계급별로 장식과 기와가 달랐음 |

사적인 공간을 구분하거나 자신만의 주거공간을 외부로부터 보호하기 위해 다양한 재료와 방식으로 쌓기를 하였습니다.

| **제주도 돌담:** 돌을 주재료로 하여 쌓아올린 담 |

사람들은 주술적 목적으로 오래전부터 쌓기를 하였습니다. 자연 속에서 생존하기 위해 무언가에 강하게 기대고 싶은 욕구를 표현하거나, 풍요와 건강을 기원하기 위한 마음을 표현하는 수단으로 쌓아 올리기를 시도하였습니다.

조상을 떠올리고 기리는 마음을 쌓기로 나타내기도 하였으며, 부처의 사리를 봉안하기 위해 종교적인 목적으로 탑을 쌓기도 하였습니다.

| **고인돌:** 한국 청동기 시대의 대표적인 무덤 양식 |

| **파고다:** 종교적인 목적으로 세워진 탑으로, 주로 본래 불교에서 사리를 넣던 탑을 의미함 |

짐을 나르기 위한 수단으로 쌓기도 하였습니다. 어떤 것을 옮기는지에 따라 방법은 달랐지만, 사람들은 많은 짐을 효율적으로 옮기기 위해서 쌓기를 활용하였습니다. 나라마다 초기 이동수단은 다르지만, 많은 짐을 싣고자 하는 노력은 국경을 초월하여 유사합니다.

나귀에 짐을 싣고 대륙을 횡단하는 모습

소달구지에 짐을 싣고 피난 가는 모습

지게에 짐을 싣고 장으로 가는 모습

이처럼 쌓기는 오래전부터 다양한 목적을 달성하기 위해 우리의 일상 속에서 자연스럽게 나타나고 있었습니다. 사람들은 목적에 따라 쌓는 재료나 쌓는 방식을 달리하였고, 그 과정에서 효율적으로 쌓는 방법도 고민하였습니다. 다양한 목적의 쌓기는 오늘날까지도 계속 이어지고 있습니다.

자녀와 함께 해보기

집이 생기게 된 과정을 그린 그림책을 자녀와 함께 볼 수 있습니다. 사람들이 살기 위한 집은 어떻게 나타나게 되었는지, 삶을 위한 집은 어떠한 방식으로 변화되어 갔는지 등이 나타난 유아용 도서를 보며 자녀와 함께 생각해 봅시다.

- 자녀와 함께 관련 도서를 보며, 삶을 위한 주거로서의 쌓기가 어떻게 변화되었는지 살펴봅시다.

- 사람들은 처음에 왜 집을 짓게 되었을지, 집이 점차 어떻게 변해 왔는지와 같은 책의 내용에 대해 자녀에게 질문할 수 있을 것입니다. “네가 옛날 사람이라면, 어떻게 집을 지었을까?” 라고 물으며, 다양한 집을 상상해 보도록 할 수도 있습니다. 또 어떤 질문을 하며 자녀와 다양한 과거의 주거 형태에 대해서 이야기 나눌 수 있을까요?

옛날옛날에는 어디서 살았을까요?
새세대육영회

3 자녀의 놀이에서 볼 수 있는 쌓기는 무엇이 있을까?

쌓기는 자녀의 놀이에서도 다양하게 나타납니다. 영유아가 쌓기놀이 영역에서 쌓기놀이를 할 때만 쌓는 것은 아닙니다. 다양한 놀이를 할 때도 다양한 목적으로 다양한 방식의 쌓기를 합니다. 영유아가 하는 쌓기를 보면 우리가 일상에서 하는 쌓기와 크게 다르지 않음을 알 수 있습니다. 영유아도 다양한 목적을 달성하기 위해 다양한 재료로 쌓기를 하고 효율적으로 쌓기 위해 고심하고 있습니다.

청소를 위한 정리를 할 때는 의자를 쌓기도 하고, 잘 붙는지 보려고 자석 블록을 쌓기도 하고, 누가 더 높이 쌓나 시합을 할 때는 책을 쌓기도 하고, 꼭꼭 숨겨주려고 쿠션이나 종이벽돌을 쌓기도 합니다.

의자 쌓기

자석 블록 쌓기

책 쌓기

숨바꼭질을 하기 위해 쿠션이나 종이벽돌 쌓기

유아가 쌓기를 가장 적극적으로 할 때는 쌓기놀이 영역에서 놀 때입니다. 쌓기놀이 영역은 쌓아서 무엇인가를 만드는 장소라는 것을 유아도 알고, 쌓기놀이 영역에는 쌓을 수 있는 다양한 쌓기 자료가 있기 때문입니다.

쌓기놀이 영역에서는 한 가지 블록으로 쌓기도 하지만, 일상용품을 사용해서 쌓기도 하고, 몇 가지 블록을 함께 사용하여 쌓기도 합니다.

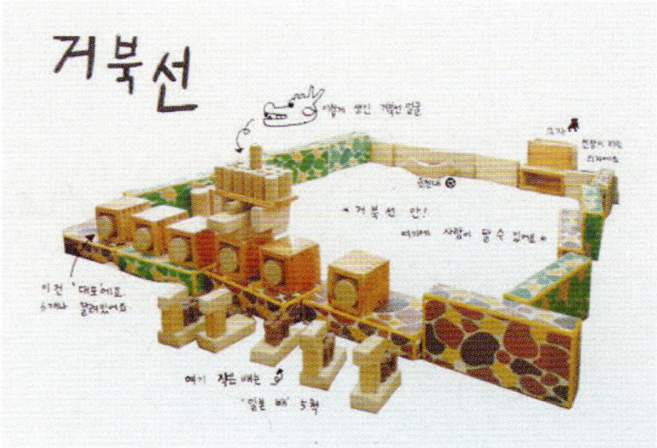

부모를 위한 생각거리

자녀의 쌓기놀이를 격려하고 도와주고자 한다면 자녀가 쌓기를 하는 이유와 쌓는 방법을 살펴보십시오.

- 자녀가 하는 일상적인 쌓기의 목적은 무엇인지 생각해 봅시다.
- 자녀가 쌓는 모습을 사진으로 찍는다면 어떤 사진이 적절한지 생각해 봅시다. 그 사진을 보여주면 자녀가 쌓기놀이를 할 때 어떤 영감을 얻을 수 있을까요?
- 자녀의 일상적 쌓기 모습이나 사진을 보면서 어떤 질문을 할 수 있을지 생각해 봅시다. 쌓기의 목적에 대해, 쌓는 자료나 재료에 대해, 쌓는 방법에 대해, 효과적으로 쌓는 전략에 대해 질문할 수 있을 것입니다. 또 어떤 질문을 할 수 있을까요?

4 자녀가 하는 쌓기놀이는 어떤 것일까?

쌓기놀이는 말 그대로 쌓아가면서 노는 놀이입니다. 쌓기놀이는 자녀가 자신의 세계를 구성하고 창조하도록 돕습니다. Bender(1978)는 블록이란 자신이 이해한 세계를 만들어 볼 수 있도록 하는 하나의 도구로서 자녀들은 쌓기놀이를 통해 이미 습득한 아이디어와 학습한 것을 발전시켜 새로운 경험을 얻게 된다고 하였습니다. 블록으로 하는 놀이를 자녀의 관점에서 바라본다면 쌓기의 의미, 느끼는 감정, 사고 과정의 변화를 읽을 수 있을 것입니다.

어떻게 쌓는지는 자녀의 발달에 따라 다릅니다.

아주 어린 영아는 쌓기 놀잇감을 탐색하는 과정에서 우연히 쌓기도 하고, 처음에는 무엇을 만들겠다는 생각 없이 쌓기도 하지만 점차 무엇을 만들겠다는 생각을 가지고 쌓게 됩니다.

굴뚝을 만드는 유아

세 개의 탑을 만드는 유아

발달이 더 이루어지면 쌓기놀이는 수단이 됩니다. 다시 말하면 다른 놀이를 하기 위해 필요한 무엇인가를 쌓아 만드는 것이지요.

얼음집놀이를 위해 쌓아서 집을 만든 유아

동굴놀이를 위해 끼워서 동굴을 만든 유아

예전에는 쌓아서 노는 놀이를 쌓기놀이라고 했지만 끼워서 만들 수 있는 놀잇감이 개발되면서 끼워서 만드는 놀이도 쌓기놀이라고 부르게 되었습니다. 어떤 방식으로 끼우는지는 자녀의 발달에 따라 다릅니다.

어린 영아의 끼우기

유아의 끼우기

물론 쌓거나 끼우는 놀잇감을 함께 사용한다면 자녀의 쌓기놀이가 더욱 풍요로워지겠지요? 여러분도 적극적으로 자녀가 다양한 종류의 쌓기 놀잇감을 함께 사용하도록 격려해 주세요.

쌓기 놀잇감과 끼우기 놀잇감을 함께 사용한 구성물

쌓기 놀잇감과 끼우기 놀잇감을 함께 사용하면 놀잇감 부족을 해소할 수 있을 뿐만 아니라 자녀의 아이디어를 더 구체적으로 실현할 수 있습니다.

부모를 위한 생각거리

자녀가 하는 쌓기놀이를 자세히 살펴보세요. 자녀가 왜 쌓는지, 무엇으로 쌓는지를 살펴보면 어떻게 도와주어야 할지도 알 수 있습니다.

- 자녀가 무엇을 만들었는지 알아봅시다.
- 자녀가 다양한 것을 만들 수 있게 하려면 어떤 경험을 하게 해야 할지 생각해 봅시다.
- 자녀가 무엇을 만들었는지 말할 수 있는지 또는 만들기 전에 무엇을 만들지 생각하는지 알아봅시다.
- 자녀가 쌓아서 만드는 것을 선호하는지, 끼워서 만드는 것을 선호하는지, 쌓아서 만든 것과 끼워서 만든 것을 함께 사용하는 것을 선호하는지 알아봅시다.
- 어떻게 하면 다양한 쌓기 블록과 끼우기 블록을 함께 사용하게 할 수 있을지 생각해 봅시다.

Ⅱ 자녀의 쌓기

어린이는 언제부터 쌓는 행동을 할까요? 그리고 왜 쌓기를 시도할까요?
목적 없이 물건 혹은 블록을 쌓아올리고 무너뜨리는 행동은 의미 없는 반복적인 행동일까요? 이러한 과정을 통해서 어린이가 궁극적으로 알게 되는 것은 무엇일까요?

어린이가 왜 쌓기놀이와 블록놀이를 하는지, 그것의 가치는 무엇인지 알아볼까요? 쌓기놀이와 블록놀이는 주로 유치원이나 어린이집에서 하지만 가정에서도 할 수 있습니다. 이 책을 통해 부모가 적극적으로 지원해주셔야 하는 중요한 놀이라는 것을 아시게 될 것입니다.

1 어린이들은 언제부터 쌓을까?

어린이들은 아주 어릴 때부터 쌓기를 시도합니다. 혼자 앉을 수 있어서 두 손이 자유로워지고, 양손에 물건을 쥘 수 있게 되면 쌓기의 기본이 되는 초기 행동이 나타납니다. 두 손으로 스펀지 블록을 잡고 부딪쳐 보거나, 하나 위에 하나를 놓는 것처럼 떨어뜨리는 행동이 그것입니다. 성인이 보기에는 크게 의미없어 보이는 이러한 행동들이 쌓기놀이의 기초가 되는 행동이라고 볼 수 있습니다. '물건을 위에 놓으면 떨어지는구나.', '두 개가 만나서 힘이 가해지면 소리가 나거나 무너지는구나.' 같은 아주 기본적인 지식을 체득하는 과정입니다.

블록을 탐색하는 영아

아주 어릴 때부터 다양한 방식으로 주변의 물건들을 탐색하는 과정은 추후 멋진 결과물을 만들어내는 기초가 됩니다.

자녀와 함께 해보기

자녀가 어렸을 때 어떻게 쌓기를 시작했는지 찾아봅시다. 자녀의 만 1세 이전의 사진을 찾아서 자녀가 언제부터 쌓기의 기초를 다지게 되었는지 살펴보십시오.

- 자녀와 함께 만 1세 이전 사진 중, 자녀가 무언가를 손에 들고 있는 사진을 찾아보세요. 무엇을 하며 놀이하고 있는 것 같은지 자녀와 함께 이야기 나누어 보세요.

- 손에 들고 있는 물건을 부딪쳐 보거나 쌓아보는 사진을 찾아보세요. 무슨 생각을 하고 있는 것 같은지 자녀와 함께 이야기 나누어 보세요.

2 어린이들은 왜 쌓기를 시도하는 것일까?

처음에는 부딪쳐서 나는 소리가 흥미롭거나 우연히 겹쳐진 사물을 다시 만들어보려는 목적으로 쌓기를 시도합니다.

점차 수평으로 길게 늘어놓거나 수직으로 길게 늘어놓는 것에 집중하는 시기가 되지만 아직 구체적으로 무엇을 만들겠다는 목적을 가지고 하는 행동은 아닙니다.

블록이나 물건을 위로 높게, 옆으로 길게 놓아보는 영아

진정한 쌓기는 '쌓아서 무엇을 만들겠다.' 는 구체적인 목적을 가지고 쌓기를 할 때부터 시작됩니다. 이처럼 어린이가 목적을 가지고 행동을 하는 것은 발달의 중요한 이정표라고 할 수 있습니다. 자녀가 어떠한 목적을 가지고 쌓기놀이를 하고 있는지 관심을 가지고 관찰하면, 자녀의 놀이를 더 교육적으로 활성화시켜줄 수 있습니다. 그리고 자녀를 이해하며 함께 재미있게 놀이할 수도 있습니다.

목적을 가지고 놀이하면서 자녀의 놀이는 더 재미있어지고, 규모가 더 확장되기도 합니다. 연령마다 놀잇감을 활용하는 능력이 다르기 때문에 쌓은 결과물은 다르지만 자신들만의 목적을 가지고 구성물을 만들고 있다는 점에서는 공통점이 있습니다. 쌓기놀이의 목적이 무엇을 만드는 것 그 자체인지 아니면 다른 목적을 위해 만드는 것인지에 따라 표현의 형태가 다양하게 나타날 수 있습니다.

아래 사진을 보면서 생각해 볼까요?

다양한 형태의 자동차를 만든다거나, 집을 구성한다거나, 로봇을 구성하는 등과 같이 자신의 경험이나 생각을 담은 특정한 것을 영유아가 만든 사례입니다. 이것은 **쌓기 구성물을 만드는 것 자체가 목적인 경우**입니다.

놀이를 위해 만든 배와 자동차

자녀가 영화에서 보았던 로봇과 비행기

자녀가 동물원에서 보았던 동물(악어)

①

②

③

각 사진은 만 3, 4, 5세 유아의 구성물을 찍은 것입니다. 유아는 친구들과 함께 놀이하기 위해 놀잇감을 활용하여 공간을 구성하고 있습니다. 연령에 따라, 놀이의 발달 수준에 따라 쌓은 결과물은 다르지만, ① 가족놀이를 하기 위한 집, ② 식당놀이를 하기 위한 식당, ③ 자동차가 다니는 길과 같이 또래와 함께 특정 놀이(가족놀이, 식당, 자동차 레이싱)를 할 목적을 가지고 공간을 구성하려고 노력했다는 공통점을 가지고 있습니다.

이처럼 쌓기놀이의 진수는 쌓기가 목적이 아니라 쌓기가 수단이 되는 순간이라 할 수 있습니다. 즉, 기차역을 만드는 것이 목적이 아니라 기차역에서 친구들과 함께 기차놀이를 하기 위한 수단으로 기차역을 만드는 것입니다. 유아는 놀이를 상상하며 기차역 안의 대기실, 물건 놓을 공간, 기관사의 운전대와 조종석 등을 만들고, 상상한 것을 놀이 속에 펼쳐내게 됩니다.

다음은 '나무와 공룡' 소품을 활용하여 놀이하기 위한 공간을 만드는 장면입니다.

유아는 '공룡의 숲' 놀이를 하기 위해 공간 블록을 옆으로 위로 쌓으면서 공룡의 숲을 구성합니다. 공룡의 숲을 만든 후 놀이에 필요한 다양한 소품을 함께 전시하기도 합니다. 먹잇감이 될 작은 동물, 익룡이 쉴 나무를 배치하기도 합니다. 자신이 상상한 것을 놀이로 구현하는 것입니다.

자녀와 함께 해보기

자녀가 만든 구성물을 함께 살펴보며 이야기 나누어 봅시다. 자녀가 자신의 상상력을 발휘해 만든 구성물에 대해 자세하게 이야기하도록 격려하고 진심으로 듣도록 노력해 봅시다.

- 자녀에게 자녀가 만든 구성물을 여러 방향에서 사진 찍도록 하세요.

- 자녀가 찍은 구성물의 사진을 벽에 붙이고, 자녀가 자신의 구성물에 대해서 이야기하며 놀이하도록 하세요. 부모님께서도 자녀의 이야기를 경청해 주세요.

- 부모님께서 자녀에게 다양한 질문을 할 수도 있습니다.
  "무엇을 만들었니?" (구체적으로 답하는지 들어보기)
  "왜 ○○을 만들었니?" (어떠한 목적을 가지고 구체적으로 만들었는지 들어보기)

  위와 같이 질문하며 자녀의 이야기를 들어보세요. 자녀의 이야기를 써서 사진 옆에 붙여 주세요. 자녀의 이야기가 점차 발전하는지도 살펴보세요.

3 어린이들의 쌓기는 선조들과 어떤 점에서 유사할까?

자신이 놀이하는 공간을 울타리 형태로 구성하는 영아

앞서 보았듯이 유아는 쌓기를 통해 집, 자동차 등 자신이 경험하였던 것을 나타내기도 하며, 친구와 함께 상황을 설정하여 놀이하기 위한 공간을 만들기도 합니다. 과거에 선조들이 그랬듯이 유아의 쌓기에는 여러 형태의 집이 나타납니다. 작은 블록으로 만들어진 다양한 형태의 집, 내가 직접 들어가서 놀이할 수 있는 공간으로서의 집, 내가 좋아하는 인형의 집을 보호하는 울타리, 친구와 놀이하기 위해 공간을 나누는 수단으로서의 울타리가 그 예가 될 수 있습니다.

선조들은 생활의 필수 요소인 집을 지을 때 쌓기를 했고, 현재의 어린이는 놀이의 방법으로서 쌓기를 한다는 차이가 있습니다. 하지만 두 형태 모두 쌓기가 생활을 반영하고, 살기 위한 수단 혹은 놀이를 위한 수단과 같이 필요에 의해 나타난다는 점에서 유사합니다.

이처럼 쌓기에 실질적인 생활의 모습이 담기기도 하지만, 표현이나 놀이를 위한 방법과 같이 다양한 목적으로 쌓기가 활용되기도 합니다. 어린이는 자신이 보았던 특정 사물이나 건물을 자신만의 모습으로 표현합니다. 또한 공간을 확보하고 놀이를 확장하기 위한 방법으로 쌓기가 나타나기도 합니다. 사례를 통해 살펴볼까요?

한 유아는 자신이 미국 시카고 여행에서 보았던 마리나시티 빌딩을 표현하였습니다. 빌딩의 특징을 살려 표현하기 위해 둥근 블록을 사용하여 실제 건축물과 유사한 구성을 하였음을 볼 수 있습니다.

경험한 것을 쌓기 놀잇감으로 표현한 사례

또 다른 유아는 가족 여행에서 보았던 경주의 첨성대를 표현하였습니다. 첨성대의 형태를 직사각형 블록을 쌓아올려 표현했습니다.

이와 같이 자신의 경험이나 생각을 표현하는 수단으로 쌓기가 활용되기도 합니다.

경험한 것을 쌓기 놀잇감으로 표현한 사례

실제 건축물이나 구성물은 아니지만, 유아의 창의적인 블록 구성에서도 쌓기를 볼 수 있습니다. 집을 짓고 주변을 울타리로 둘러 다른 놀이를 하는 유아의 방해를 받지 않도록 한다든지, 자동차 소품 대신에 블록으로 만든 자동차를 놀이에 활용하는 모습은 놀이 중에 활용되는 쌓기의 예입니다.

창의성을 발휘하여 놀이하는 사례

일상에서 자신이 놀이한 곳을 정리할 때도 자연스레 쌓기가 나타납니다.

자신이 보았던 책을 차곡차곡 끼워 넣을 때 옆으로 위로 쌓는 모습이 나타납니다. 효과적인 정리를 위한 쌓기의 활용이 나타나는 것입니다.

그 외 블록이 담긴 바구니를 선반에 넣을 때, 블록을 크기에 맞추어 정리공간에 넣을 때도 쌓기가 나타납니다.

정리 중에 나타나는 쌓기

자녀와 함께 해보기

자녀가 만든 구성물을 관찰하며 자녀의 생각을 읽어봅시다.

- 자녀의 쌓기놀이 구성물을 관찰해 봅시다. 구성물에 자녀의 어떤 경험이나 생각이 묻어났는지 찾아봅시다.

- 자녀의 구성물에 어떤 경험이나 생각이 나타났나요?

- 자녀의 경험이나 생각이 얼마나 구체적으로 나타났나요? 더 추가된 상상의 요소는 무엇인가요?

- 자녀 놀이가 확장되도록 어떤 경험을 더 하게 할 수 있다고 생각하십니까? 자녀가 큰 관심을 보였던 장소를 다시 방문해 보는 것은 어떨까요? 관심 있는 물건에 대해 더 알아볼 수 있도록 구체적인 경험이나 추가적인 정보를 주는 방법은 어떨까요? 부모님께서 생각하기에 적절한 방법으로 자녀의 생각이 확장되도록 도와주십시오.

Ⅲ 자녀의 재미있는 쌓기놀이를 위한 놀잇감

이제 자녀가 가지고 놀 수 있는 쌓기 놀잇감과 블록에 대해 알아볼까요? 우리 집에 있는 것으로 충분할까요? 아니면 지나치게 많은 놀잇감이 있는 것일까요? 같은 종류만 불필요하게 많은 것은 아닐까요? 돈을 들이지 않고 마련하는 방법은 무엇일까요?

본 장을 통해 쌓기 놀잇감과 블록 놀잇감을 자녀에게 마련해줄 때 고려해야 할 사항을 알아봅시다.

1 어린이들이 가지고 노는 쌓기 놀잇감의 선택이 왜 중요할까?

건축가가 건축의 성격에 맞는 재료를 선택하듯, 자녀 역시 무엇을 만들지, 어떤 쌓기 놀잇감이 있는지, 어떤 쌓기 놀잇감이 자신에게 익숙한지 등에 따라 자신이 사용할 쌓기 놀잇감을 선택하게 됩니다. 즉, 건축가와 같이 자신이 원하는 구조물을 완성하기 위한 적절한 재료를 찾는 것입니다.

유아의 선택이 건축가와 다른 점이 있다면, 유아에게 주어지는 재료는 성인의 판단을 한 번 거친다는 것입니다. 그만큼 성인의 역할, 특히 직접적인 선택을 하는 부모의 역할이 크다는 의미입니다. 자녀의 무궁무진한 상상력을 촉진하기 위해 부모는 어떤 고민을 해야 할까요? 그리고 어떤 쌓기 놀잇감을 준비해줄 수 있을까요?

부모의 쌓기 놀잇감 선택은 자녀의 놀이에 직접적인 영향을 줄 수 있습니다. 부모가 유명한 장난감, 남들이 많이 사는 장난감을 사서 자녀에게 제공하는 것보다는 내 아이에게 필요한 놀잇감을 고르는 것이 더 중요합니다.

우리 집 살펴보기

우리 집에 있는 블록들은 왜 구입하게 되셨나요? 지금까지 자녀에게 어떻게 쌓기 놀잇감을 제공해 주었는지 점검해 보면서 자녀에게 필요한 쌓기 놀잇감에 대해 생각해보시기 바랍니다.

- 우리 집에 있는 쌓기 놀잇감은 어떤 이유에서 구매 또는 구비하게 되셨나요?

문항	체크
자녀가 원해서	
또래 부모나 지인의 권유로	
판매자의 설득으로	
친척이나 지인으로부터 물려받아서	
기타 ( )	

- 각 쌓기 놀잇감이 자녀에게 꼭 필요하며, 적절하다고 생각하시나요? 더 필요하다고 생각되는 놀잇감의 종류는 무엇인가요? 자녀와 의논해 보실 수도 있습니다.

2 어린이들이 가지고 노는 쌓기 놀잇감에는 어떤 것이 있을까?

블록으로 놀이하는 것을 '쌓기놀이'라고 하는 경우가 많습니다. 그 이유는 블록을 '쌓아서' 무엇인가를 만들며 놀이하기 때문입니다. 쌓는 형태로 구성할 수 있는 블록을 살펴보겠습니다. 이러한 블록은 대부분 옆으로 늘어놓아 쌓거나 위로 쌓는 형태의 블록입니다.

유니트 블록

스펀지 블록

종이벽돌 블록

우레탄 블록

공간 블록

유아들이 사용하는 쌓기 놀잇감에는 '끼워서' 쌓는 블록도 포함됩니다. 이러한 형태의 블록들은 '쌓기' 만으로 구성하기 어려운 구조물을 만드는 데 유용합니다. 홈에 맞추어 끼우고, 블록의 굴곡에 맞추어 끼우고, 도형의 형태를 고려하여 끼우면서 조립하는 형태의 블록들이 이에 포함됩니다.

몰펀 블록

와플 블록

레고 블록

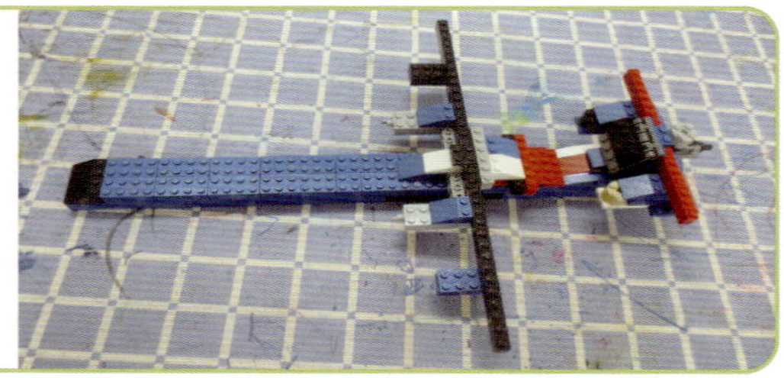

자석 블록

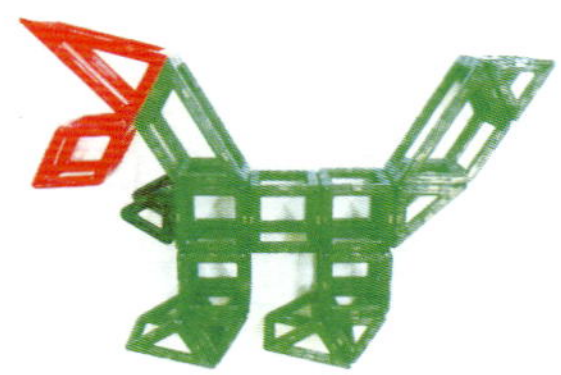

우리 집 살펴보기

우리 집에는 어떤 블록들이 있나요? 자녀에게 블록을 선물해 주고 싶다면, 어떤 유형의 블록이 필요할까요? 다음의 문항을 체크해 보면서 생각해 보시기 바랍니다.

- 우리 집에는 어떤 종류의 블록이 있는지 써보세요.

- 위에 기록한 블록들은 주로 '쌓으며 놀이' 하는 블록인가요. 아니면 주로 '끼우며 놀이' 하는 블록인가요? 나누어 적어보세요.

'쌓는 블록'	'끼우는 블록'

- 자녀에게 어떤 형태의 블록을 선물하면 좋을 것 같다고 생각하시나요?

- 한 종류의 블록에만 치중되어 있다면 다른 형태의 블록을 제공해 보시는 것은 어떨까요? 두 종류의 블록이 두루 구비되어 있다면, 어떤 형태의 블록이 추가되면 더 재미있는 놀이가 될지 고민해 볼 수도 있습니다. 현재 충분한 블록이 제공된다고 생각하시면, 본 장의 내용을 끝까지 읽으며 추가로 제공해 주실 수 있는 것들에 대해서 생각해 보실 수 있습니다.

3 블록이 많으면 무조건 재미있게 놀이할 수 있을까?

다양한 종류의 쌓는 블록과 끼우는 블록이 있다고 모든 연령의 유아가 재미있게 놀 수 있을까요? 어린이, 학생, 성인이 입는 옷이 다르듯이, 음식의 종류에 따라 사용하는 그릇이 다르듯이, 블록은 종류나 특성에 따라 놀이에 다르게 사용됩니다.

블록의 크기에 따라 쌓기놀이가 달라질 수 있습니다.

크기가 큰 블록은 큰 구조물을 만들 때 사용하기 좋고, 만든 후 들어가서 놀 수도 있지만, 무겁거나 딱딱한 재료로 만들어졌다면 연령이 높은 유아만 사용할 수 있습니다.

반면, 가볍거나 부드러운 재료로 만들어져 떨어뜨려도 다치지 않는다면 영아들도 사용할 수 있습니다.

우리 집 살펴보기

우리 집에는 어떤 블록이 있나요? 집에 있는 블록을 살펴보며 생각해 봅시다.

- 우리 집에 큰 블록이 있나 살펴봅시다.
- 우리 집에 있는 큰 블록은 어떤 재료로 만들어져 있는지 살펴봅시다.
- 우리 집에 있는 큰 블록은 우리 아이의 연령에 맞는지 살펴봅시다.

크기가 작은 블록은 섬세한 구조물을 만들 때 사용하기 좋고, 세밀한 것까지 표현할 수 있지만, 너무 작거나 끼우기가 복잡하다면 영아들이 사용하기에 위험하거나 어렵습니다. 그렇기 때문에 좀 더 큰 다음에 사용할 수 있도록 내어주면 좋습니다.

우리 집 살펴보기

우리 집에는 어떤 블록이 있나요? 집에 있는 블록을 살펴보며 생각해 봅시다.

- 우리 집에 작은 블록이 있나 살펴봅시다.
- 우리 집에 있는 작은 블록은 얼마나 작은지 살펴봅시다.
- 우리 집에 있는 작은 블록은 끼우거나 쌓기에 얼마나 복잡한지 살펴봅시다.
- 우리 집에 있는 작은 블록은 우리 아이의 연령에 맞는지 살펴봅시다.

블록의 재질에 따라 쌓기놀이가 달라질 수도 있습니다.

재질이 상대적으로 부드러운 것은 큰 구조물을 만들 때 사용하기 좋고 무너지거나 떨어져도 덜 위험하지만, 구성물이 잘 무너지기 때문에 정교한 구성물을 만들기는 어렵습니다. 그래서 부드러운 재질의 블록은 정교한 구성물을 원하는 유아보다는 영아가 더 선호하는 블록입니다.

블록의 재질은 아래와 같이 다양한데, 놀이의 성격에 따라 또는 만들고자 하는 것에 따라 다양하게 선택하여 놀이할 수 있습니다.

나무

종이

자석

플라스틱

재질이 서로 다른 블록은 유아의 오감 발달에 도움이 됩니다. 부드러운 느낌, 까칠까칠한 느낌을 경험하며 재료에 따라 촉감이 달라질 수 있음을 인지할 수 있습니다.

또한 서로 다른 재질의 블록은 놀이 방법이 다를 수 있기 때문에 다양한 방법으로 창안하여 놀이할 수도 있습니다. 재질에 따라 서로 다른 구성이 가능하기 때문에, 유아는 다양한 재질의 블록으로 놀이하는 과정에서 놀이 방법에 대해 고민하게 됩니다. 그 과정에서 재질의 특성을 인식하고, 서로 다른 방법으로 문제를 해결해 나가는 방법을 경험하게 됩니다.

자석 블록은 자석의 성질을 활용하여 붙여서 구성할 수 있고, 플라스틱 블록은 블록의 홈이나 모양을 고려하여야 구성이 가능합니다.

블록을 구성하는 모양에 따라 쌓기놀이가 달라질 수도 있습니다.

한 가지 모양(직사각형 모양만으로 구성, 꽃 모양만으로 구성 등)으로 구성된 블록은 울타리, 다리 등과 같이 구성물의 틀을 만들거나, 기하학적 형태를 고안하여 구성물을 만들며 놀이할 수 있습니다.

직사각형 모양의 블록

꽃 모양의 블록

한 가지 모양으로 구성된 블록이라도 어느 방향으로 조합하고 끼우느냐에 따라 형태가 달라질 수 있기 때문에 유아는 블록을 탐색하는 과정에서 창의력을 기를 수 있습니다. 블록의 다양한 형태는 블록에 있는 도형의 형태를 인지하고 그 특성에 따라서 어떤 것을 만들 수 있을지 생각해 보게 합니다.

서로 다른 도형으로 구성된 블록으로는 도형의 특성을 활용하여 집, 다리, 성곽 등의 형태를 정교하게 만들 수 있습니다.

또한 도형의 특성을 고려하여 또 다른 새로운 형태의 입체도형을 만들기도 합니다. 예를 들어, 평면의 세모와 네모의 자석 블록을 활용하여 입체적으로 모양을 구성하는 과정에서 입체 도형의 특성에 대해서 자연스레 경험하는 기회를 갖기도 합니다.

한 가지 블록이 아닌, 여러 종류의 블록으로 함께 놀이할 수도 있습니다. 유아는 커다란 블록과 작은 블록, 한 가지 도형의 블록과 여러 도형의 블록을 함께 가지고 확장하여 놀이하기도 합니다.

우측의 사진처럼 큰 블록으로는 유아가 들어가서 놀이할 수 있는 공간을 구성하고, 작은 블록으로는 그 안에서 놀이할 수 있는 소품을 만들어서 놀이하기도 합니다.

블록의 종류가 많지 않다고 걱정할 필요는 없습니다. 판매되는 블록이 아닌 가정에서 쉽게 볼 수 있는 물건으로도 쌓기놀이가 가능합니다.

먼저 주변을 둘러볼까요? 주변에서 보이는 물건 중 쌓을 수 있는 물건은 무엇이라고 생각하시나요?

우리 주변 살펴보기

완구 코너에서 사는 블록 말고도 쌓을 수 있는 것은 우리 주변에 무궁무진합니다. 주변에서 쌓을 수 있는 물건을 찾아봅시다.

- 쌓을 수 있다고 생각되는 물건을 5가지 이상 그리거나 써보세요. 앞의 내용에서 보셨듯이 단지 위로 쌓는 물건만 있는 것은 아니랍니다. 모두 다 같은 형태의 물건만 있는 것도 아니랍니다. 쌓기 놀잇감에 대한 고정관념에서 벗어나서 자유롭게 골라보세요.

- 부모님께서 위에 작성하신 물품 중 한 가지를 선택하여 자녀에게 제공해 주세요.

- 해당 물건을 가지고 “누가 위로 높이 쌓나?”, “누가 옆으로 길게 쌓나?” 겨루기를 해보시겠어요? 부모님께서 예상하셨던 쌓기가 나타나나요? 혹시 자녀가 더 창의적인 방법으로 쌓지는 않았나요?

컵, 카드, 책, 동전 등 우리 주변의 물건 중 쌓을 수 있는 것은 매우 다양합니다. 위에서 해보았던 것처럼 자녀에게 주변의 다양한 물건을 쌓도록 제시해 줄 수도 있지만, 자연스레 주변의 물건을 쌓고 있는 유아를 발견할 수도 있습니다. 자녀의 놀이를 관찰하면서 자녀의 자연스러운 쌓기놀이에 동참해 보는 것은 어떨까요?

주변의 물건으로 다양한 쌓기를 시도하는 유아

“컵이 넘어지지 않도록 높이 쌓으려면 어떻게 하면 좋을까?”, “동전 탑이 높아지려면 동전 탑의 모양이 어떠해야 할까?” 등과 같이 자녀와 함께 높게 쌓기 위한 다양한 전략을 고민해 볼 수 있을 것입니다.

자녀에게 꼭 일상생활에서 사용하는 물건과 블록을 따로 제시해야 하는 것은 아닙니다. 블록놀이를 할 때는 블록으로만 놀아야 하고, 책을 볼 때는 책만 보아야 한다는 편견에서 벗어나 블록과 다양한 주변의 물건으로 함께 놀이하도록 제안할 수도 있답니다.

부모가 생각을 열고 자유롭게 놀이하도록 제안하였을 때 유아의 놀이는 어디까지 달라질 수 있을까요? 마음을 열고 시야를 확장하여 자녀와 함께 즐거운 상상을 해봅시다.

자녀와 함께 해보기

블록과 가장 잘 어울리는 주변의 사물에는 무엇이 있을까요? 어떤 점에서 블록과 어울릴 수 있는지 고민해 보고 자녀와 함께 놀이해 보십시오.

- 내 아이가 가장 좋아하는 블록은 무엇인지 적어보세요.

- 자녀가 좋아하는 블록과 함께 제공하는 블록은 크기가 큰 것이 좋을까요? 작은 것이 좋을까요?

- 크기와 놀잇감의 형태를 고려하여 함께 내어주면 좋겠다고 판단하신 사물은 무엇인가요?

- 자녀가 생소해 할 경우, 부모가 상상했던 방법으로 함께 놀이하여 주세요. 예를 들어, 레고 블록과 두루마리 휴지를 선택하셨다고 가정해 보겠습니다. 유아와 함께 레고로 만든 성 혹은 집을 보호하는 두루마리 휴지 성곽을 만들어 볼 수 있습니다. 또는 두루마리 휴지로 만든 산에, 레고로 만든 다양한 형태의 집을 하나둘씩 올려 산간마을을 구성해 볼 수 있을 것입니다. 이 과정에서 자연스레 다른 형태의 가옥에 살고 있는 사람들에 대해서 알려줄 수도 있을 것입니다.

쌓을 수 있는 블록이나 물건 외에, 블록놀이에 활용할 수 있는 것들도 있습니다. 함께 놀이할 수 있도록 하는 소품류입니다. 놀이에 적절한 소품은 블록의 구성을 확장하는 방향으로 놀이를 발전시킵니다.

"소품이 있으면 유아들의 놀이는 더 재미있어진다."

동네의 모습을 만드는 과정에서 나타난 공원입니다. 세워놓은 블록 구조물의 바닥에 놓인 다양한 형태의 파스타와 곳곳에 서 있는 사람들의 모습이 보입니다. 유아는 공원의 나무, 바위(파스타), 숨바꼭질을 하는 어린이, 아이들을 살피며 함께 놀이하는 어른이 있는 역동적인 공원의 모습을 표현했습니다.

블록으로만 구성할 때는 볼 수 없었던, 건물만 있는 동네가 아닌 다양한 사람들의 이야기가 담긴 재미있는 동네의 모습이 만들어지는 것입니다.

"소품이 있으면 블록의 구성이 구체적이며 상세해진다."

사진 속의 유아는 유니트 블록을 활용하여 다양한 형태의 길을 구성했습니다. 자동차와 지역 사회 소품(주유소, 매표소 등)이 추가되자, 유아의 놀이에는 주차 공간, 기름을 넣는 공간 등 다양한 형태의 공간들이 추가됩니다. 도로 중간에 터널이 나타나기도 하고, 자동차를 위한 푯말이 세워지기도 합니다. 소품이 추가되면 유아는 그 소품이 필요한 장소를 생각해 내서 쌓기놀이에 반영합니다.

＊지역 사회 소품(경찰서 모형, 소방서 모형)은 구입할 수도 있지만 상자를 활용하여 자녀와 만들어 볼 수도 있습니다.

"소품이 있으면 유아의 놀이는 더 다양해진다."

소품은 살 수도 있고 생활용품을 활용할 수도 있고, 유아가 가진 것을 활용할 수도 있습니다. 공사장에서 사용하는 안전용품을 쌓기 놀잇감과 함께 내어주니, 유아는 '건설현장' 놀이와 같은 새로운 놀이를 합니다. 설계사가 되기도 하고 건축자재를 측정해서 자르기도 하고, 자른 자재로 건물을 짓기도 합니다.

평소에 자동차를 활용한 놀이만 하는 유아라면, 또는 평소에 가족놀이(엄마놀이)만 하는 유아라면 유아가 관심 있어 하는 소품을 제시해 보면 어떨까요? 유아의 놀이가 달라지는 것을 보실 수 있을 것입니다.

자녀와 함께 해보기

집에 있는 블록과 가장 잘 어울리는 소품을 찾아 자녀와 함께 놀이해 봅시다.
부모님의 재미있는 생각에 신이 나서 쌓기놀이를 하는 자녀의 모습을 발견하실지도 모릅니다. 특히 평소 쌓기에 관심이 없는 딸 아이라면, 다 쓴 엄마의 화장품, 신지 않는 엄마의 뾰족구두가 아주 좋은 소품이 될 수 있습니다.

- 내 아이가 가장 좋아하는 블록, 혹은 부모님께서 제일 재미있을 것 같다고 생각하는 블록과 함께 내어줄 수 있는 집안의 소품은 무엇이라고 생각하시나요? 해당 블록과 소품을 자녀에게 제공해 주세요.

- 그 블록과 소품으로 자녀와 함께 놀이해 보세요.

Ⅳ 자녀의 발달에 맞는 쌓기놀이

어린이의 쌓기놀이는 어떻게 발달할까요? 아기가 배밀이를 하다가 기고, 걷고, 달리게 되듯 유아의 놀이도 서서히 발달하게 됩니다. 자녀의 놀이가 한 단계 한 단계씩 발달하도록 도와주고 있나요? 자녀의 생각과 관계없이 어른의 방식대로 놀이하도록 하지는 않나요?

내 아이의 놀이가 어떤 발달 단계를 지나고 있는지를 알면 자녀의 놀이를 도와줄 방법도 알게됩니다.

1 유아의 쌓기놀이 능력은 어떻게 성장하고 있을까?

어른들이 보기에는 "애들이 노는 것이 다 그렇지.", "맨날 똑같이 놀아."라고 생각할 수도 있지만, 유아는 놀이를 통해 성장합니다. 같은 블록으로 놀이를 하더라도 유아의 놀이는 조금씩 달라지고 있으며, 놀이 속에는 유아의 생각이 담겨 있습니다.

유아의 놀이를 관찰해 보면 유아가 발달하는 과정을 볼 수 있습니다. 모든 유아가 같은 발달 단계를 보이는 것은 아니지만, 놀이의 변화를 다음과 같은 발달 단계로 나눠서 살펴볼 수 있습니다.

다음의 발달 단계를 살펴보는 과정을 통해, "잘했네.", "네가 만든 것 아주 멋지다."와 같은 상투적인 칭찬이 아니라 자녀의 생각에 근접한 상호작용을 할 수 있습니다. 내 아이가 어떤 생각을 하고 있으며, 왜 이러한 구성물을 만들고 있는지 이해한다면, 자녀와 더 교육적이고 재미있게 놀이할 수도 있습니다.

첫째, '나르기' 단계

"이쪽에서 저쪽으로 왔다갔다"

블록을 들고 이동하는 영아

자녀가 별다른 목적 없이 블록을 꺼내기만 하나요?

끼우거나 쌓기 위한 용도로 만들어진 블록인데 블록끼리 서로 부딪히거나 만져보기만 하나요? 또는 블록을 단순히 이리저리 움직여보는 것만 반복하나요?

이러한 행동이 보인다면 자녀는 쌓기놀이를 시작하고 있는 것입니다. 쌓기놀이는 블록을 나르는 것부터 시작합니다. 무엇을 만들려는 목적은 없으나 블록이 놓여있는 장이나 블록 바구니에서 블록을 이쪽에서 저쪽으로 나르는 행동, 블록을 서로 부딪쳐보며 탐색하는 행동은 자녀가 놀잇감의 특성을 파악하고 쌓기놀이를 준비하는 단계라고 볼 수 있습니다.

둘째, '쌓기' 단계

"옆으로 길게 위로 높게"

위로 높게 쌓는 구성물

자녀가 블록을 위로만, 옆으로만 쌓아서 놀이하나요?

블록을 높이높이 쌓고 싶어하는 것 같아 높이 쌓는 것을 도와주며 함께 놀이하였더니 열심히 쌓은 구성물을 툭 치며 와르르 무너뜨리는 놀이에 흥미를 보이는가요?

내 아이가 왜 이렇게 자극적인 놀이에 흥미를 보이는지 고민하시지는 않았나요?

위로만, 옆으로만 길게 쌓아보고, 구성물을 툭 쳐서 무너뜨리고 다시 그 과정을 반복하는 것도 영아의 놀이 단계라고 볼 수 있습니다. 자녀가 블록에 익숙해지면, 단순히 나르던 것에서 나아가 위로 쌓거나 옆으로 연결하는 형태가 나타납니다. 위로만 높게, 옆으로만 길게 쌓아보면서 방향과 위치의 개념을 탐색하며, 무너지지 않도록 높게 쌓고, 효율적으로 길게 쌓는 방법들을 익히게 됩니다.

자녀가 이러한 놀이의 특성을 보인다면, 더 길게 더 높게 쌓는 방법에 대해서 함께 고민해 보면 어떨까요?

셋째, '울타리 쌓기' 단계

"여기는 내가 놀이하는 공간"

울타리 형태로 쌓은 구성물

자녀가 블록을 활용하여 자신만의 공간을 만들어보려고 하나요?

혹은 소품이나 블록으로 만든 자동차를 막힌 공간 안으로 넣으려하는 시도가 보이나요?

이 시기는 블록을 서로 연결하여 울타리 형태의 공간을 만들어 폐쇄된 공간을 구성하는 시기입니다. 자신이 들어가서 놀이할 공간을 구성하기도 하고, 자신이 만든 사물을 집어넣을 공간을 구성하기도 합니다. 집으로 비유하자면 울타리와 유사한 형태이며, 자신이 만든 사물의 특성에 맞게 공간을 구분하고 그 안에 사물을 배치하고자 하는 초기 시도라고 볼 수 있습니다.

자녀가 이러한 놀이의 특성을 보인다면, 블록놀이뿐 아니라 집안 내의 공간을 함께 바꾸어보면 어떨까요? 거창하게 가구를 옮기는 것이 아니라, 책을 읽을 수 있는 공간과 장난감을 펼쳐놓을 수 있는 공간을 구분해 볼 수도 있습니다. 잠을 잘 수 있도록 이불을 깔아놓은 공간과 놀이하기 위해 쿠션이나 매트를 깔아놓은 공간을 나누어 보는 것도 자녀에게는 의미 있는 시도가 될 수 있을 것입니다.

자녀와 함께 해보기(놀이 시 활용해 보세요)

1. 자녀와 함께 놀이할 때 다음과 같이 해보시면, 자녀의 발달에 도움이 됩니다.

- 자녀의 공간을 함께 구성해 보세요.
  (예 매트와 이불을 활용한 놀이공간과 잠자는 공간/컵을 놓는 공간과 접시를 놓는 공간/상의를 놓는 공간과 하의를 놓는 공간/겨울신발을 놓은 공간과 여름신발을 놓을 공간 등 서로 다른 특성에 따라 구분한 공간에 정리해 보기)

2. 자녀와 함께 놀이할 때 다음과 같이 시도해 보십시오.

- 자녀가 블록으로 동물원의 울타리를 구성하고 있습니다. 동물원에는 다양한 동물들이 살고 있는데 자녀는 비슷한 형태로 울타리를 구성하고 동물들을 넣고 있습니다. 이때 부모는 자녀와 어떻게 대화할 수 있을까요?

- 부모님은 자녀와 다음과 같은 상호작용할 수 있습니다.
  "동물의 크기에 따라 울타리의 크기가 어떨까? 크기가 작은 닭이나 토끼의 우리는 키가 큰 기린이나 몸집이 큰 코끼리의 우리와 어떻게 다르면 좋을까?"

위와 같은 경험은 동물의 크기에 따라 울타리의 크기가 달라질 수 있음을 인지할 수 있게 도와줍니다. 주변에서 볼 수 있는 것의 모양이나 크기에 관심을 갖고 다양한 공간을 구성하는 데 도움을 줄 수 있답니다.

넷째, '다리 만들기' 단계

"다리가 나타나네!"

아치 형태와 다리 형태가 나타나는 구성

자녀가 블록과 블록 사이를 연결하려는 시도를 하나요?

이 시기는 자녀가 수직으로 세운 비슷한 형태의 블록들 위에 다른 블록을 올려 다리와 같은 형태를 만드는 단계입니다. 다리 만들기 단계를 거치고 있는 자녀는 옆으로 길게 혹은 위로 길게 쌓았던 구성물 간의 연결고리를 만들어보려는 시도를 하게 됩니다. 다리 또는 아치와 같은 형태로 나타나는 것이며, 이는 비슷한 형태의 구성물을 또 다른 블록이 연결해주는 형태로 볼 수 있습니다.

이 시기에는 이전에 한 가지 방식으로 쌓던 것에서 나아가 구성물 간의 연결 및 관계성을 조금씩 파악해 나아감을 알 수 있습니다.

자녀가 이런 놀이 특성을 보인다면, 다양한 형태의 다리 사진을 보여주면 어떨까요? 아치처럼 하나로 연결된 다리도 있지만 사다리처럼 층층이 연결된 다리도 있을 것입니다. 다리의 특징을 살려 각 층이 있는 아파트나 빌딩을 구성할 수도 있다는 것을 자연스럽게 알려준다면, 자녀의 구성능력이 더 발달할 수 있습니다.

다섯째, '패턴과 대칭' 단계

"양 쪽을 똑같이, 일정한 형식대로"

대칭이 되는 구성과 패턴이 나타나는 구성

자녀의 구성물이 안정적이며 균형감이 있나요? 자녀가 만든 구성물을 보면 무엇을 만들었는지 유추가 가능한가요?

패턴이나 대칭이 나타나는 단계에서는 블록을 사용한 구성물에서 균형감이 나타납니다. 양면이 서로 대칭되거나, 일정한 패턴을 포함하는 구성을 하기 때문에 구성물의 형태가 정교해집니다. 이전에 만들었던 구성물보다 정교하며, 안정적인 형태가 나타나기 때문에 성인이 보기에 안정적인 구성이라고 느껴질 수 있습니다.

형태 면에서 균형이 나타날 수도 있고, 색이나 패턴 면에서 반복적인 특징이 나타날 수도 있습니다.

자녀가 이러한 구성의 특성을 보일 때, 자녀의 구성물에 관심을 갖고 이야기 나누어 볼 수 있습니다.

"너의 로봇 양쪽 어깨에 똑같이 변신 날개가 붙었구나."

"네가 만든 동네는 지붕이 빨간색, 노란색 순서로 똑같이 나타나는구나."와 같이 자녀의 구성물에서 발견되는 대칭의 특징을 이야기해 주면 대칭과 패턴에 대한 이해를 도울 수 있습니다.

자녀와 함께 해보기

자녀와 함께 놀이할 때 다음과 같이 활용해 보실 수 있습니다.

- 거울을 준비해 주세요.
- 자녀의 구성물에 거울을 놓아주세요. (대칭이 되는 구성물이라면, 구성물 가운데 거울을 놓아주세요.)
- 거울에 보이는 구성물이 어떤지 이야기 나누어 보세요.
  - 이미 대칭되게 만들어진 구성물에 거울을 놓았다면 자녀가 만들었던 반대쪽의 모습과 거울에 비친 모습이 같은지 생각해보도록 하세요.
  - 아직 대칭되게 만들어지지 않은 구성물에 거울을 놓았다면, 거울이 놓인 것처럼 반대쪽을 구성해보도록 제안해 보세요. 그리고 거울에서 비친 것과 같은 형태로 만들었는지 자녀와 함께 비교해 보세요.

여섯째, '초기 구상 표현' 단계

"이건 ○○○이야"

구성물에 대한 명명

자녀가 자신의 구성물에 이름을 붙이기 시작하나요?

"엄마, 이건 강아지야."

"아빠, 여긴 강아지 집이야."

라고 말하지만, 전혀 강아지나 강아지 집의 형태가 나타나지 않나요? 자녀의 블록놀이에 관심을 가진 부모라면, 한 번쯤은 관찰하였을 상황일 것입니다. 혹시 매일 보는 강아지인데 왜 전혀 강아지 같지 않게 만들어 놓고 강아지라고 하는 것일까라며 의아해하시지는 않으셨나요?

이처럼 초기 구상의 단계에서 자녀는 **자신이 만든 구성물에 특정 이름을 붙이거나 자신이 만든 구성물을 본인이 알고 있는 사물로 명명**합니다. 그러나 강아지를 구성하였다고 강아지의 모습이, 카메라를 만들었다고 카메라의 형태가 나타나는 것은 아닙니다. 사물의 특징을 살린 구성이 나타나기 이전에, 사물을 블록이라는 매개체를 통해 상징화하여 구성할 수 있음을 인지하고 만들어보는 초기 구상의 단계인 것입니다.

일곱째, '후기 구상 표현' 단계

"내가 만든 제과점에서 나는 요리사야."

제과점놀이를 하기 위해 쌓기 놀잇감으로 구성한 쿠키와 빵을 굽는 화덕

자녀가 계획성 있게 구성물을 만들기 시작하나요? 만들고자 하는 구성물이 명확하며, 그 구성물과 유사한 모습을 만들기 위해 다양한 방법으로 블록을 탐구하는 자녀의 모습이 보이나요?

이 시기의 자녀는 놀이 시작 전에 무엇을 만들지 미리 정합니다. 그리고 그것을 만들기 위한 적절한 방법을 탐구하면서 블록으로 구성하기 시작합니다. 완성된 구성물을 활용하여 역할놀이를 하기도 합니다.

"내가 만든 제과점에서 나는 요리사야.

엄마가 손님해 주세요."

자녀는 이처럼 자신이 경험을 반영하여 실제와 유사한 것을 만들기 위해 노력하며 그 과정에서 놀이가 확장됩니다.

이와 같은 쌓기놀이의 발달 단계는 유아마다 그 시기가 다릅니다. 모두 같은 시기에 같은 단계의 발달 단계를 거치는 것이 아니라 각 단계가 다양한 연령에서 나타날 수도 있습니다. 뿐만 아니라 같은 쌓기 놀이 단계에서도 수준 차이가 나타날 수 있습니다. 그러나 유아의 쌓기놀이는 앞서 설명한 것처럼 다양하게 나타나고, 각 단계가 유아의 발달에 의미 있으므로 부모는 자녀의 놀이에 관심을 가질 필요가 있습니다. 관심을 가지면 자녀의 놀이에 필요한 블록이 무엇일지 알 수 있고, 좀 더 재미있고 교육적으로 놀기 위해 자녀에게 줄 수 있는 도움이 무엇인지 생각해 볼 수도 있기 때문입니다.

2 쌓기놀이 중에는 어떤 과정이 나타날까?

유아는 놀이 중에 다양한 자신의 생각을 표출합니다. 유아의 놀이 중에는 어떤 모습이 나타날까요? 유아는 어떠한 순서로 쌓기놀이를 하고 있을까요? 공간을 설정하는 것에서부터 블록 구조물을 만들기까지의 과정을 살펴봅시다. 건축가가 조사 및 설계를 하고 시공을 완성하듯이 유아는 그들만의 방법으로 하나의 구성물을 만들어 나갑니다. 건축가가 건물을 설계하고, 완성해 나가기까지의 과정과 유아가 블록을 활용하여 구성물을 완성하기까지의 과정을 함께 생각해 봅시다.

건축 현장 및 재료 조사

무엇을 만들까?
어느 공간에 만들까?
어떤 블록으로 만들까?

예

"내 방 책꽂이 옆은 공간이 좁으니, 거실에서 놀이해야겠어."
"○○을 만들기 위해서는 작은 블록이랑 큰 블록이 모두 필요하겠어."

기능을 고려한 기본 설계

어떤 모습으로 만들까?

(그림으로 그리기도 하며, 머릿속으로 구상하기도 함)

어떤 구성이 나타나야 할까?

예

"이런 모양으로 만들고 싶어."
"잘 보이도록 창문을 아주 크게 만들어야겠어."

시공건설

어떻게 만들면 튼튼할까?
어떤 블록을 어디에 놓아야 내가 생각한 모습처럼 만들 수 있을까?

예

"어떻게 하면 넘어뜨리지 않고 튼튼하게 만들 수 있을까?"
"창문을 만들려면, 블록을 어떻게 놓아야 할까?"

완성 및 감리

내가 생각한 대로 만들어졌는지 확인해 볼까?
어떻게 고칠 수 있을까?

예

"내가 생각했던 대로 만들어졌나?"
"튼튼하게 만들어졌나?"
"안에 들어가서 놀이할 수 있을까?"

삽화(p. 77~80): 김유림(아이코리아부속 새세대유치원 수석교사)

건축가가 단계를 거쳐 하나의 멋진 작품을 만들어내듯이 유아도 쌓기놀이를 할 때 체계적인 구성 과정을 거칩니다. 계획을 하고, 그에 맞게 구성하며, 계획과 비교해보는 과정을 통해 **건축가와 같은 체계적인 사고능력과 놀이의 발달 과정을 거치게 되는 것**입니다.

자녀와 함께 해보기(놀이 시 활용해 보세요)

자녀와 함께 놀이할 때 다음의 내용을 관찰하며 자녀의 놀이를 확장해 주실 수 있습니다.

- 자녀가 쌓기놀이 하는 과정을 살펴보거나 다음의 질문을 통해 아래의 과정이 나타나는지 체크해 봅시다.

놀이과정	체크
놀이 장소 및 놀잇감 조사 (어디서 놀이할 것인지? 어떤 놀잇감으로 놀이할 것인지 계획하기)	
구성 설계 (어떻게 구성을 할 것인지 계획하기)	
놀잇감 구성 (계획한대로 쌓기 놀잇감과 소품을 이용하여 구성하기)	
구성 점검 (계획대로 구성되었는지, 상황과 용도에 맞게 구성되었는지 점검하기)	

- 자녀의 놀이를 관찰하여보니 위의 과정이 모두 나타났나요? 생략되었다고 생각되는 과정은 어떤 과정인가요?

- 생략되었거나 생각해 보지 않고 넘어간 과정이 있다면 자녀에게 어떤 말을 해주면 도움이 될지 적어봅시다.
  (   )

V

자녀의 놀이로 보는 쌓기놀이

어린이는 쌓기놀이를 통해 어느 부분이 발달할까요?
혼자서 놀이할 때와 누군가와 같이 놀이할 때 어떤 점이 다를까요?
유아는 혼자만의 쌓기놀이를 통해 개인의 능력을 발달시키며, 또래와의 쌓기놀이를 통해 다른 다양한 능력들이 발달합니다.

어린이는 또래와 함께 쌓기놀이를 하면서, 어떤 발달을 하고 있을까요? 어린이의 놀이 속에는 중요한 발달 요소들이 많이 내재되어 있습니다. 쌓기놀이를 통해 발달할 수 있는 영유아의 다양한 능력에 대해서 생각해 보면 쌓기놀이의 필요성도 이해하실 수 있습니다.

1 또래 유아의 쌓기놀이에서는 어떤 일들이 일어나고 있을까?

유치원이나 어린이집에 자녀를 보내는 부모님들은 자녀의 하루를 참관할 기회를 가지셨을 것입니다. 그 때를 회상해 보세요. 교실의 쌓기놀이 영역에 삼삼오오, 많게는 열댓 명의 유아가 함께 놀이하고 있는 모습을 보셨나요?

'놀면서 무슨 말이 저리 많을까?', '매일 똑같은 친구랑 놀이를 해도 저렇게 재미있나?', '블록으로 노는 곳인데, 왜 여기저기서 다른 물건을 가져다 놓을까?' 를 생각하셨을지도 모릅니다.

집에서 혼자 놀 때와 다르게 기관에서 친구와 놀이할 때는 자녀가 다른 방식으로 놀거나 다른 성향을 보이면서 놀이하는 것을 관찰하실 수도 있습니다. 자녀가 또래 친구와 함께 쌓기놀이할 때 발달의 어떤 측면이 강화될까요?

자녀를 관찰해 보기

- 자녀가 친구와 함께 블록으로 놀이할 때 보이는 모습을 찾아 체크해 보세요.
  (블록 이동, 조립, 대화, 의견 조율, 경험담 이야기, 쓰기, 모방, 수세기 등)

- 그 외에 보이는 행동들을 적어보세요.

- 위에 기록한 내용은 블록으로 놀이하며 일반적으로 발달할 수 있다고 생각되는 소근육 발달 및 수리 탐구 능력 발달과 더불어 다양한 발달이 이루어질 수 있음을 예측해 볼 수 있게 합니다. 위에서 체크한 행동들이 자녀의 어떤 발달과 관련이 있는지 앞으로의 읽게 될 내용을 통해 생각해 볼 수 있습니다.

2 어떤 상황에서 어떤 발달이 나타날까?

"말하고 듣고, 읽고 쓰고"

어린이는 쌓기놀이 영역에서 놀이하면서 또래와 지속적인 상호작용을 합니다. 자신의 의견을 말하고, 다른 사람의 의견을 들으며 말하는 능력이 발달합니다. 타인에게 어떻게 말해야 하는지, 서로의 의견 조율 과정에서 상대방과 어떻게 대화해야 하는지에 대한 방법도 자연스레 습득하게 됩니다.

놀이를 하며, 형제와 이야기하는 유아

놀이 중에 구성물을 명명하거나, 쌓기놀이가 역할놀이로 확장되면서 쌓기놀이 구성물에 이름을 써 넣기도 합니다. 글씨를 잘 모를 땐 자신만의 표시를 하기도 하고 그림을 그려 넣기도 합니다. 이러한 과정은 읽고 쓰는 능력의 기초가 되며, 자연스러운 놀이 환경에서 글자를 읽고 쓰는 경험을 할 수 있게 합니다.

부모님께서는 자녀가 관심있어 하는 단어들을 써서 벽에 붙여주거나, 관련 동화책을 제공해 줄 수 있습니다. 자녀가 글을 쓰지 못하는 경우에는 자녀의 작품에 원하는 내용의 글을 받아써 주시면서, 쌓기놀이를 통해 자녀가 글을 읽고 쓰는 경험을 함께 할 수 있도록 도와주실 수 있습니다.

함께 놀이하는 과정에서 의견을 조율하는 유아

쌓기놀이 영역에서 또래와 함께 구성을 하는 과정에서는 서로 의견이 다르기 때문에 의견을 모으는 과정을 거칩니다. 또는 여러 명의 의견을 조율하여 하나의 새로운 안을 내는 과정이 필요하게 됩니다.

여럿이 힘을 합쳐 하나의 공동물을 구성하고 계획하는 가운데 어린이들은 다른 사람과 함께 생활하는 사회성을 습득하게 됩니다. 나의 생각과 어떻게 다른지, 서로 다른 의견을 가지고 있을 때 원만히 해결하기 위해서는 어떻게 해야 하는지에 대해 자연스레 알아가게 됩니다.

혼자 만들었을 때보다 규모나 구성력이 좋아지기 때문에 어린이가 힘을 모아 공동의 구성물을 완성했을 때 그 성취감은 더욱 큽니다. 함께 놀이하기 위한 방법, 의견을 공유하고 조율하는 방법과 같이 사회 내에서 필요한 소중한 능력들을 자연스레 습득하게 되는 것입니다.

부모님께서는 자녀와 함께 놀이할 때 자녀의 생각을 충분히 들어주시는 것이 좋습니다. 부모님의 생각과 다를 때에는 자녀의 이야기를 충분히 들은 후, 부모님의 생각을 말씀해 주실 수 있습니다. 그런 후에 서로 다른 부분에 대해서 이해하고 함께 더 좋은 방법을 찾아가면 자녀가 타인을 이해하는 방법을 배울 수 있습니다.

"창의적으로 다양하게"

놀이 중 자녀의 이야기에 경청하는 부모

어린이는 쌓기놀이를 통해 자신의 생각을 다양한 방식으로 표현합니다. 경험했던 일을 중심으로 구성하기도 하고, 책에서 보았거나 영화에서 보았던 내용을 중심으로 상상하여 구성하기도 합니다. 또래의 구성물을 보고 모방하기도 하고, 또래의 구성물과 비교하면서 더 발전된 구성물을 만들기도 합니다.

어린이가 구성물을 만들 때는 경험했던 사물을 그대로 만드는 것이 아니라, 자신이 관심 있게 보았던 것 혹은 인상 깊었던 점을 중심으로 새로운 구성물을 만들게 됩니다. 또래의 작품을 모방하더라도 그대로 따라서 하는 것이 아니라, 어떠한 점이 새로운 표현인지 어떠한 점이 멋지게 보이는지를 자세히 관찰하고 감상하는 과정을 거치게 됩니다. 어린이는 이러한 구성의 과정을 통해 자신의 생각을 표현하고 감상하는 기초적인 예술경험을 하게 되는 것입니다.

부모님께서도 자녀의 작품에 관심을 갖고, 자녀의 생각을 존중해주시는 과정이 필요합니다. 부모의 관심은 자녀가 자신의 구성물에 자신감을 갖는데 도움을 주며, 주변의 다양한 작품에 관심을 갖고 감상하는 태도를 길러줄 수 있습니다. 또한 멋진 건축물 사진을 함께 보거나 전시회 등에 참여하는 것도 자녀의 창의력을 향상시키고 타인의 창의적인 생각을 존중하고 감상할 수 있는 태도를 기르는데 도움이 됩니다.

"이렇게 저렇게 놀면서 배우기"

자녀가 골똘히 생각하며 구성물을 만들 수 있도록 기다려주는 부모

자녀의 쌓기놀이는 단순한 쌓기에서 섬세한 구성으로 점차 발전하게 됩니다. 양 측면을 똑같이 만들기 위해 균형과 대칭을 맞추기도 하고, 동일한 개수의 블록을 쌓기 위해 수를 세거나 더하고 빼는 경험도 합니다. 같은 방식으로 구성할 수 있는 쌓기 놀잇감끼리 분류하기도 하고, 다 놀이한 놀잇감을 같은 종류끼리 분류하여 정리하기도 합니다. 특정 패턴에 따라 구성하기도 하고, 기본 도형(예 세모, 네모)을 인지 한 후에는 원하는 모양을 만들기 위해 기본 도형과 다른 도형 및 입체 도형을 결합하여 구성하기도 합니다. 이러한 놀이 과정에서 자녀는 다양한 수 · 과학적 탐구 과정을 경험하게 됩니다.

이러한 경험은 학습지나 사교육을 통해 수학을 배우는 것보다 더 자연스러우면서 어린이의 수준에 맞아 어린이들이 더 재미있게 수학을 접하게 합니다. 뿐만 아니라 놀이를 통해 자연스럽게 자기 스스로 터득한 지식은, 외부에서 주입식으로 가르치거나 무작정 외운 수 · 과학적 지식보다 더 정확하고 명확하게 자신만의 지식으로 남게 됩니다.

부모님께서는 자녀가 쌓기 놀잇감으로 오랜 시간 구성하며 다양한 탐구과정을 경험하는 시간을 존중해 주시기 바랍니다. 여유를 가지고 쌓기놀이를 할 수 있도록 지원해 주시면 좋습니다. 그리고 자녀의 구성물을 관찰하며, 그 시기에 필요한 수 · 과학적 개념을 쌓기 놀잇감을 활용하여 설명해 주면 자녀가 더 쉽고 재미있게 개념을 이해하는 데 도움이 됩니다.

"대근육 소근육이 쑥쑥"

쌓기놀이를 통해 대근육과 소근육을 활용하고 있는 영아와 유아

쌓기놀이를 시작하기 전에 자녀가 가장 먼저 하는 행동은 무엇인가요? 아마 쌓기 놀잇감을 이곳에서 저곳으로 옮기는 행동일 것입니다. 영아에게는 블록을 한쪽에서 다른 쪽으로 옮기는 과정만으로도 중요한 대근육 발달이 이뤄집니다. 유아기로 갈수록 작고 정교한 놀잇감을 선호하게 되는데, 이때는 세밀하게 구성하는 과정에서 소근육이 발달하게 됩니다. 이처럼 **쌓기놀이는 자녀의 대 · 소근육 발달과 같은 신체 건강의 측면**에도 효과적입니다.

부모님께서 자녀가 지금까지 했던 수준보다 조금 높은 수준의 과업을 하도록 한다면 자녀의 대 · 소근육 발달을 도울 수 있습니다. 자녀가 쌓았던 구성물보다 조금 더 높게 쌓기, 지금 구성한 것보다 더 정교하게 구성해 보기 등의 과정은 자녀의 대 · 소근육 발달을 자극할 수 있습니다.

또한 자신의 구성물이 완성되었을 때 느끼는 성취감, 함께 구성하였을 때 얻게 되는 협동심, 자신의 구성물에 대한 타인의 긍정적인 평가로부터 얻게 되는 자부심 등은 유아의 정서에 긍정적인 영향을 줄 수 있습니다.

부모님께서 자녀의 작품에 관심을 갖고, 구체적으로 작품에 대해 칭찬해 주시는 것은 자녀의 자존감을 높여줄 것입니다. 자녀가 이전에 만들었던 작품보다 발전된 부분, 정교하게 묘사된 부분을 관심 있게 관찰하고, 그 부분에 대해서 구체적으로 칭찬해 주시면서 자녀의 작품을 함께 감상하시면 좋습니다.

자녀를 관찰해 보기

자녀의 쌓기놀이 구성물을 관찰하며, 어떠한 측면의 발달이 이루어졌는지 체크해 봅시다.

- 자녀가 쌓기 놀잇감으로 놀이하는 모습을 보면서, 어떠한 과정이 보이는지 체크해 봅시다.

관찰 내용	체크
말하고, 듣고, 읽고 쓰는 과정이 보여요.	
또래나 형제, 부모님과 의견을 조율하는 과정이 보여요.	
다른 작품을 모방하거나, 자신의 생각을 구성물에 나타내려는 시도가 보여요.	
수학적인 개념들을 인지하고 구성하는 과정이 보여요.	
신체 운동 기능들을 사용하는 것이 보여요.	

- 해당 관찰 사항에서 어떤 도움을 줄 수 있을지 생각해 봅시다.
  앞서 제시한 각 영역의 발달 내용 중 마무리 부분에 부모님들께서 자녀의 발달을 위해 도움주실 수 있는 내용이 있습니다. 해당 내용을 참고하셔서 자녀의 발달에 맞는 도움을 주시기 바랍니다.

Ⅵ

아빠 엄마와 한 걸음 더

자녀가 쌓기놀이를 주로 혼자 하나요? 누군가와 같이 하나요? 부모님께서는 자녀와 함께 쌓기놀이를 해주시는 편이신가요? 여자 아이이기 때문에 당연히 블록놀이에는 관심이 없을 것이라고 단정 지어 생각하지는 않으셨나요?

자녀의 쌓기놀이에 관심을 갖고, 적절한 시기에 반응해 주시는 것은 자녀가 쌓기놀이 통해 발달하고 배울 수 있도록 도와주는 것입니다. 이야기하거나 함께 놀아주는 것뿐만 아니라 적절한 책을 주거나 함께 놀이할 무엇인가를 제공해 줄 수도 있습니다. 더 효율적으로 놀이하기 위해 부모님이 하실 수 있는 일은 무엇인지, 여아도 쌓기놀이에 흥미를 느낄 수 있도록 하는 방법은 무엇인지 구체적으로 생각해 봅시다.

1 관련 서적과 함께하는 쌓기놀이는 어떨까?

자녀의 재미있는 쌓기놀이를 위해 블록이나 앞서 소개한 소품을 제공해 줄 수도 있지만, 유아용 책을 함께 볼 수도 있습니다. 쌓기와 직접적으로 관련이 있는 책도 있으며, 쌓기놀이를 더 활발히 도와주기 위한 책들도 있습니다.

다음에 소개한 책들은 쌓는 방법에 대해 도움을 줄 수 있는 어린이용 도서입니다. '집짓기' 의 경우, 과거부터 집이 어떠한 형태로 변화되어 왔는지, 변화의 과정에서 튼튼한 집을 짓기 위해 어떠한 노력을 기울여 왔는지에 대한 내용이 나타나 있습니다. 집을 짓는 과정과 방법 등에 대한 내용을 통해 쌓기 놀잇감으로 더 튼튼하게 집을 짓는 과정 및 효율적으로 구성하기 위한 방법들에 대해서 고민해 볼 수 있는 시간을 가질 수 있습니다.

집짓기
보림
글: 강영환,
그림: 홍성찬

〈쌓기와 관련한 서적의 예〉

소개된 책 외에도 쌓기 관련 책, 건축 관련 어린이용 도서가 가정에 이미 있다면 자녀가 쌓기 놀이에 관심을 갖고 더 정교한 구성물을 만드는 데 도움을 줄 수 있을 것입니다.

성
꼬마샘터
씨+디 미예

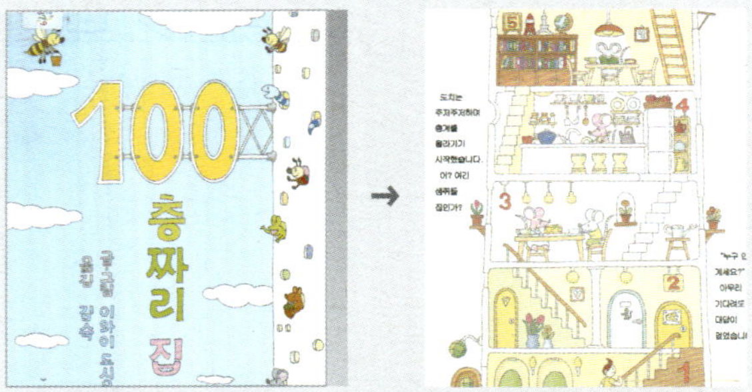

100층짜리 집
북뱅크
글 · 그림: 이와이 도시오

〈자녀와 함께 보며 놀이를 활성화할 수 있는 서적의 예〉

위에서 소개한 책들은 쌓기놀이를 더 확장시켜 '~인체 하는 놀이(극화놀이)' 까지 하도록 하는데 도움이 됩니다. '성' 에는 성을 구성하는 것과 성에서 일어나는 일에 대한 내용이 나타나 있습니다. 특히 해당 도서에서 성 그림이 그려져 있는 책장을 뒤집으면 성 내부의 모습이 그려져 있습니다. 이러한 장면을 보며, 자녀에게 구성물의 외부뿐만 아니라 내부 모습도 상상하여 구성해 보도록 권유해 볼 수 있습니다.

'100층짜리 집' 도 100층 건물의 내부를 상상하며 볼 수 있도록 한 책입니다. 쌓기 놀잇감으로 건물이나 특정 구성물을 만들때, 그 안에는 어떤 물건들이 있을지 놓아본다든지, 그 안에서 일어나는 일을 극화놀이로 확장하도록 제안할 수 있습니다. 자녀의 구성물이 점차 정교해지고, 구체적인 상황을 표현하게 됨을 관찰하실 수 있을 것입니다.

가정의 책 점검해 보기

가정에 있는 책을 점검하고, 쌓기놀이와 함께 연계할 수 있는 방법을 찾아봅시다.

- 집에 있는 어린이용 도서 중, 건축이나 쌓기에 대한 내용이 직접적으로 나타나 있는 도서를 찾아보세요. 어떤 책이 있나요?

- 집에 있는 어린이용 도서 중, 건축이나 쌓기에 대한 내용이 직접적으로 드러나 있지는 않지만, 블록놀이와 관련이 있을 것 같은 도서를 찾아보세요. 어떤 책이 있나요?

- 위에서 선정한 두 가지 종류의 도서 중 자녀와 함께 보고 싶은 도서를 한 권 선정하세요. 자녀와 해당 도서를 보며 어떤 이야기를 나눌 수 있을까요? 그리고 어떻게 블록놀이를 할 수 있을까요?

2 여자 아이가 좋아할만한 쌓기 놀잇감을 준비해보면 어떨까?

먼저 가정에 있는 놀잇감을 점검해 봅시다.

가정에 있는 놀잇감 점검해 보기

가정에 있는 쌓기 놀잇감을 점검하며, 여아가 쌓기놀이에 흥미를 가질 수 있는 놀잇감이 있는지 고민해 봅시다.

- 딸이 있는 가정이라면, 우리 집에 어떤 놀잇감이 있는지 점검해 보세요.

종류	체크	종류 수
소꿉놀이 종류(식기, 부엌 모형 등)		
인형		
책		
보드게임류		
퍼즐류		
블록		
자동차류		
(직접 적어보세요.)		
(직접 적어보세요.)		

어떤 종류의 놀잇감이 가장 많은가요? 어떤 종류의 놀잇감이 가장 적은가요? 놀잇감이 한 종류에 치우쳤다면, 그것은 부모의 판단 때문인지, 자녀의 성향 때문인지 혹은 부모의 판단에 의해 자녀의 성향이 맞추어지고 있기 때문인지 생각해 봅시다.

여자 어린이는 당연히 쌓기놀이에 관심이 없을까요? 그러한 이유 때문에 우리 집에 쌓기 놀잇감이 거의 없나요?

일반적으로 쌓기놀이는 남자 어린이가 하는 놀이라고 인식되지만, 여자 어린이도 쌓기놀이를 할 수 있습니다. 쌓기놀이는 수학적 능력뿐만 아니라 다양한 능력의 발달을 고루 촉진하기 때문에 여자 어린이도 쌓기놀이를 할 기회를 주어야 합니다. 쌓기놀이에 크게 관심이 없는 여자 어린이를 위해 어떤 것들을 준비해 줄 수 있을까요?

여자 어린이가 좋아할만한 쌓기 놀잇감부터 시작할 수 있습니다. 아기자기한 것을 좋아하는 여자 어린이에게는 자신이 좋아하는 극화놀이가 가능한 블록을 제시해 주면 쌓기놀이에 흥미를 가질 수 있습니다.

여자 어린이에게 꽃 블록과 같이 심미성을 가진 형태의 쌓기 놀잇감을 제시해 줄 수 있습니다. 도형으로만 구성된 쌓기 놀잇감보다 꽃, 나비 등과 같이 여아가 좋아하는 형태의 쌓기 놀잇감이 함께 있다면 더 흥미를 가지고 놀이할 수 있습니다.

다양한 색의 나무 블록으로 놀이하는 여아

여자 어린이가 선호하는 역할놀이가 가능한 쌓기 놀잇감을 제시해 줄 수도 있습니다. 레고 블록이라도 여아를 위해 색감이 좀 더 밝고, 아기자기한 소품이 많은 시리즈도 있습니다. 유아기이므로 자녀와 함께 쌓기 놀잇감을 고르고, 부모가 함께 구성해 볼 수도 있습니다. 구성한 공간에서 역할놀이를 하면 유아가 더 흥미를 가지고 놀이할 수 있습니다.

컬러감이 다른 레고를 가지고 놀이하는 여아

가정에 이미 가지고 있는 쌓기 놀잇감을 활용할 수 있습니다. 이미 구비된 쌓기 놀잇감과 병행하여 같이 놀이할 수 있는 소품을 준비합니다. 만약 인형을 좋아하는 유아라면, 인형과 함께 인형의 옷, 가방, 함께 놀이할 인형을 준비해 줍니다. 그리고 자녀에게 인형의 방을 블록으로 함께 만들어 보도록 제안할 수 있습니다. 인형의 방만 계속 만든다면 여러 방으로 구성된 인형의 집을 만들어 보도록 제안할 수 있습니다.

시판되는 이미 다 구성된 인형의 집처럼 화려하지 않지만, 부모님과 함께 구성한 인형의 집은 자녀에게 더 의미있을 것입니다. 그리고 점차 다양한 방법으로 확장해서 구성하는 재미를 알게 해 줄 수도 있을 것입니다. 적절한 쌓기 놀잇감이 없다면, 다양한 크기의 상자를 활용하여 집을 구성하는 방법도 있습니다. 인형의 크기에 적절한 상자는 쌓기 놀잇감만큼 좋은 재료가 될 수도 있습니다.

블록으로 구성한 공간에서 인형 등의 소품을 활용하여 놀이하는 여아

그림 그리기를 좋아하는 유아라면, 그림으로 그린 것을 블록으로 만들어 볼 수 있습니다. 유아가 그린 그림을 보면서 해당 그림을 블록으로 만들어보면 어떨지 상상해 보고 함께 구성해 볼 수 있습니다. 처음에 유아가 관심이 없다면, 유아의 그림을 보고 부모님께서 먼저 만들어서 보여주실 수도 있습니다. 점차 블록과 친밀해지는 경험을 할 수 있으며, 평면의 그림을 입체 도형으로 구성하는 과정에서 수학적 능력도 기를 수 있습니다.

3 관심 있는 장소로 견학을 가볼까?

자녀의 쌓기놀이 구성물을 보면 자녀의 최근 관심사에 대해서 알 수 있습니다. 특정 만화영화 캐릭터에 관심이 많아졌는지, 자동차 종류에 관심이 많아졌는지, 다양한 형태의 길에 관심이 많아졌는지, 동네 다양한 상점들의 모습에 관심이 많아졌는지 등 자녀의 관심이 구성물에 반영되기 때문입니다.

자녀의 관심을 함께 공유하며, 자녀가 관심 있어 하는 분야의 지식을 책이나 인터넷 사이트 등을 통해 함께 찾아보고 알아볼 수 있습니다. 그러나 무엇보다도 좋은 방법은 직접 견학하며 실제 그 모습을 보고 들을 수 있는 기회를 제공하는 것입니다. 자녀가 평소에 상상으로만 구성하였던 것들을 직접 경험하게 한다면, 자녀의 구성물이 더 구체적이며 정교해질 것입니다. 뿐만 아니라 해당 분야에 대한 지식들을 습득할 수 있는 좋은 기회가 될 수 있습니다.

자녀가 관심있어 하는 주제를 찾아 견학하는 부모

자녀가 자동차와 도로 등에 관심이 많다면, 어린이들을 위한 교통 박물관을 방문해 보는 것은 어떨까요? 자동차의 역사를 볼 수 있도록 전시한 곳도 있으며, 어린이들에게 교통 안전에 대해서 알기 쉽게 교육하는 곳도 있습니다.

자녀가 동네의 모습이 관심이 있다면, 어느 곳을 견학할 수 있을까요? 이때는 자녀와 함께 동네를 산책하며, 어떤 상점들이 있는지 어떤 건물이 지역 사회에 있는지 함께 보면서, 그 곳의 모습과 하는 일에 대해 이야기 나누실 수도 있습니다.

견학이라고 해서 무조건 예약을 하고 큰 마음먹고 나서야 하는 행사처럼 생각하실 필요는 없습니다. 자녀의 관심을 반영한 가까운 주변의 볼거리로도 자녀들은 훌륭한 경험을 할 수 있습니다. 아빠, 엄마와 함께 관심을 공유하며 이야기 나누는 시간이라면 집 앞의 상점도 자녀에게는 좋은 견학 장소가 될 수 있습니다.

자녀와 함께 해보기(자녀와 함께 방문할 견학 장소를 생각해 보세요)

자녀의 놀이를 관찰하며, 자녀와 함께 방문하면 좋을 곳을 생각해 봅시다.

- 자녀가 최근 쌓기 놀잇감으로 만들었던 구성물은 무엇인가요? 특별히 관심있는 소재는 무엇이라고 생각하시나요?

- 해당 소재를 볼 수 있거나, 간접적으로 경험할 수 있는 장소는 어디라고 생각하시나요?

- 자녀와 함께 위에서 제시한 장소를 방문해 볼 계획을 세워봅시다. 방문 후 자녀의 놀이가 어떻게 달라졌나요?

4 친구처럼 놀아볼까?

부모의 역할을 점검해 보기

먼저 자녀가 놀이할 때 부모님께서 주로 어떤 행동을 하시는지 체크해 봅시다.

- 부모님께서 자녀와 놀이할 때 주로 하시는 행동과 가까운 것에 체크해 봅시다.

행동	체크
부모님께서 하실 일을 하신다. (청소, 개인 업무 등)	
내 일을 하며, 자녀와 대화를 한다.	
자녀의 놀이를 관찰한다.	
함께 놀이에 참여한다.	
기타 ( )	

- 내가 만약 자녀라면, 위 문항의 행동들 중 어떤 행동을 하는 부모님의 모습을 가장 선호할까요? 왜 그렇다고 생각하시나요?

- 이번 주 주말, 자녀가 놀이할 때 시도해 보고 싶은 행동은 무엇인가요? 그 행동을 위해 어떤 노력이 필요하다고 생각하시나요?

부모님은 자녀의 놀이에 직접 참여하신 적이 있으신가요? 같이 쌓기 구성물을 만들어 보신 경험이 있으신가요? 구성한 공간에서 서로 특정 역할을 맡아서 친구처럼 놀이해 보신 경험이 있으신가요?

부모님은 자녀와 많은 시간을 보내고 함께 놀이하는 것이 매우 소중한 경험이라는 것을 인식하지만, 또래 친구처럼 함께 놀아주는 경험은 그리 많지 않으실 것입니다. 그보다는 자녀에게 놀이의 방법을 제안하거나, 놀잇감을 사 주거나, 함께 어딘가를 방문하는 등의 방법이 부모로서 할 수 있는 일이라고 생각하셨을지도 모릅니다.

물론 자녀가 다양한 경험을 할 수 있도록 도움주는 것도 필요하지만, 가끔은 또래처럼 함께 놀아주시면 어떨까요? 놀이 파트너가 되어 함께 구성물을 만들 수도 있고 상상놀이의 등장인물이 되어 역할을 맡아 놀이해 주실 수 있습니다.

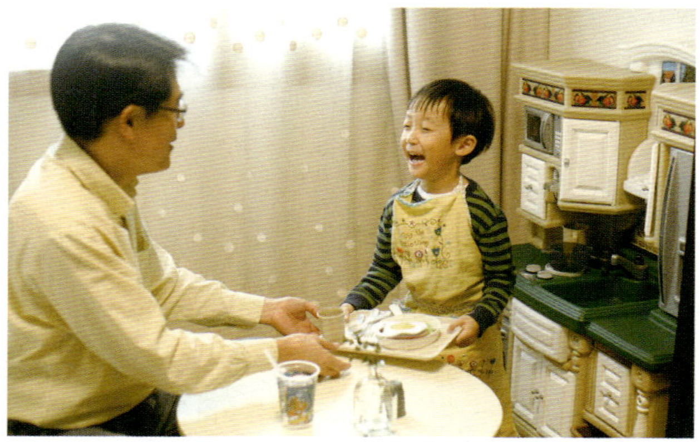
손님 역할을 맡아 자녀의 놀이에 참여하는 부모

부모님이 놀이에 참여하시면 자녀는 그동안 알고 있었던 지식에 추가하여 더 많은 지식을 자연스럽게 배울 수도 있습니다. 예를 들어 비행기 놀이를 한다고 가정했을 때, 비행기에서 근무하시는 분들의 역할에 대해 자연스레 이야기하시는 부모님의 말을 듣고 다양한 역할에 대해 인지할 수 있습니다. 또 비행기를 만드는 과정에서 "비행기 바퀴는 무엇으로 하면 좋을까? 비상탈출구는 어디라고 하지?"라고 묻는 부모님의 질문으로부터 비행기에는 날개뿐 아니라 바퀴도 있으며, 비상탈출구도 있다는 사실을 간접적으로 배울 수 있습니다.

부모님이 알고 있는 지식을 자녀도 자연스럽게 배우게 되고, 더 사실적이며 구체적으로 놀이하는 과정에서 놀이의 즐거움을 더 크게 느낄 수도 있습니다. 그리고 성인과 유아가 아닌 동등한 관계에서 다양한 대화를 나누며 부모님과의 관계도 더 가까워질 수 있습니다.

이번 주말에 한 번쯤은 어린이가 되어, 자녀의 시선에서 함께 놀이해 보시면 어떨까요? 어느새 자녀와 함께 어린이처럼 하하호호 웃고 계시는 부모님의 모습을 발견할지도 모릅니다.

참고문헌

김희진(2014). 유아교육기관에서의 영유아 평가: 발달과 교육적 지원을 위한 첫걸음. 서울: 파란마음.

엄정애(2009). 영유아 놀이와 교육. 경기: 양서원.

한국전통건축연구회(2002). 한국건축사. 서울: 서우.

Bender, J. (1978). Large hollow blocks: Relationship of quantity to block building behaviors. *Young Children, 33*(6), 17-23.

Copley, J. V. (2000). *The young child and mathematics*. Washington, D.C.: NAEYC.

Curtis, D., & Carter, M. (2008). *Learning together with young children*. St. Paul, MN: Redleaf Press.

Epstein, A. S. (2014). *The Intentional teacher* (Rev. ed.). Ypsilanti, MI: High/Scope Press.

Hirsch, E. S. (1974). Block building: Practical considerations for the classroom teacher. In E. S. Hirsch (Ed.), *Block Building* (pp. 88-100). Washington, D.C.: NAEYC.

Jones, E., & Reynolds, G. (2011). *The play's the thing: Teachers' roles in children's play* (2nd ed.). New York, NY: Teachers College Press.

Johnson, H. (1933). The art of block building. In E. S. Hirsch(Ed.), *The block book*. Washington, D.C.: NAEYC. 9-27.

Newburger, A., & Vaughan, E. (2006). *Teaching numeracy, language, and literacy with blocks*. St. Paul, MN: Redleaf Press.

Power, T. G. (2000). *Play and exploration in children and animals*. Mahwah, NJ: Erlbaum.

Schwartz, S. L., & Copeland, S. M. (2013). **발현적 유아교육과정과 표준의 연계**. (박은혜 · 신은수 · 김희진 · 이지현 역). 서울: 학지사.

Wellhousen, K., & Giles, R. (2005). Building literacy opportunities into children's block play what every teacher should know. *Childhood Education, 82*(2), 74-78.

저자소개

김희진
현 이화어린이연구원 원장, 이화여자대학교 유아교육과 교수

박은혜
전 이화어린이연구원 원장, 이화여자대학교 유아교육과 교수

박재진
이화여자대학교 대학원 유아교육과 박사과정

이화여자대학교 이화어린이연구원 총서 3

부모라면 내 아이를 위해 꼭 알아야 하는 **쌓기놀이의 모든 것**

초판 1쇄 인쇄 2016년 4월 22일
초판 1쇄 발행 2016년 4월 29일

지은이_ 김희진 · 박은혜 · 박재진
펴낸이_ 황호철
펴낸곳_ 도서출판 파란마음
주소_ 04315 서울시 용산구 백범로90라길 47 | 전화_ (02) 3275-2110~1 | 팩스_ (02) 3275-2199
홈페이지_ http://paranmaum.co.kr/

등 록_ 2006년 4월 24일 · 제302-2006-00024호

ISBN 978-89-97982-40-0 93370

값 8,000원